L'ARCHITECTURE PRIVÉE

AU XIXe SIÈCLE

L'ARCHITECTURE PRIVÉE AU XIXe SIÈCLE

TROISIÈME SÉRIE

DÉCORATIONS INTÉRIEURES PEINTES

PAR

M. CÉSAR DALY

ARCHITECTE

Directeur-fondateur de la *Revue générale de l'Architecture et des Travaux publics* (*XXXVIIIe année d'existence*);
Auteur des *Motifs historiques d'Architecture et de Sculpture d'ornement des XVIe, XVIIe et XVIIIe siècles* (première et deuxième séries : *Décorations intérieures et Décorations extérieures*),
de l'*Architecture privée au XIXe siècle, ou Nouvelles maisons de Paris et des Environs* (première et deuxième séries : *Étude des ensembles et Décorations extérieures et intérieures*);
des *Théâtres de la place du Châtelet* (Paris), *en collaboration*; de l'*Architecture funéraire* (*Spécimens de Tombeaux, Mausolées, etc.*);

MEMBRE ÉTRANGER DE L'ACADÉMIE ROYALE DES BEAUX-ARTS DE STOCKHOLM, MEMBRE HONORAIRE ET CORRESPONDANT DE L'INSTITUT ROYAL DES ARCHITECTES BRITANNIQUES,
MEMBRE ASSOCIÉ HONORAIRE DE L'ACADÉMIE IMPÉRIALE DE SAINT-PÉTERSBOURG, MEMBRE ASSOCIÉ DE L'ACADÉMIE ROYALE DES BEAUX-ARTS DE BELGIQUE,
MEMBRE DE L'ACADÉMIE ROYALE DES BEAUX-ARTS DES PAYS-BAS,
MEMBRE HONORAIRE DE LA SOCIÉTÉ POUR LA PROPAGATION DE L'ARCHITECTURE D'AMSTERDAM, MEMBRE HONORAIRE DE L'INSTITUT AMÉRICAIN DES ARCHITECTES,
MEMBRE ASSOCIÉ CORRESPONDANT DE L'ASSOCIATION DES ARCHITECTES CIVILS PORTUGAIS A LISBONNE, MEMBRE CORRESPONDANT DE L'ACADÉMIE DES BEAUX-ARTS DE FLORENCE,
MEMBRE CORRESPONDANT DE LA SOCIÉTÉ ARCHÉOLOGIQUE D'ATHÈNES, MEMBRE CORRESPONDANT DE L'ACADÉMIE ROYALE DE LISBONNE, ETC., ETC.

Premières Médailles pour ses publications aux Expositions universelles de Paris (1855) et de Londres (1862),
et Médaille d'argent à l'Exposition de Paris (1867).

PREMIER VOLUME

SALONS — SALLES A MANGER — CHAMBRES A COUCHER

ET LEURS DÉPENDANCES

PARIS

LIBRAIRIE GÉNÉRALE DE L'ARCHITECTURE ET DES TRAVAUX PUBLICS

DUCHER ET Cie

EDITEURS DE LA SOCIÉTÉ CENTRALE DES ARCHITECTES

51, RUE DES ÉCOLES, 51

1877

BIBLIOTHÈQUE

DE

L'ARCHITECTE

PAR

M. CÉSAR DALY

SÉRIE DES ÉTUDES D'ARCHITECTURE CONTEMPORAINE

PREMIER VOLUME

PREMIÈRE SECTION

ARCHITECTURE PRIVÉE AU XIXe SIÈCLE

DÉCORATIONS INTÉRIEURES PEINTES

VOLUME Ier — SECTION I

SALONS ET DÉPENDANCES

(VINGT-SIX PLANCHES)

GRANDS SALONS

1-2. Grand salon. Hôtel privé, boulevard Exelmans, à Paris, par MM. Ed. Guillaume, architecte, et Ouri, peintre-décorateur. Face du côté de la porte.

3-4. *Idem*. Plafond.

5-6. Grand salon. Château des Crêtes (Suisse), par MM. Laval, architecte, et Denuelle, peintre-décorateur. Face du côté de la glace.

7-8. Grand salon. Château des Crêtes (Suisse), par MM. Laval, architecte, et Denuelle, peintre-décorateur. Plafond.

9-10. Grand salon. Villa, à Croissy (Seine-et-Oise), par MM. Duc, architecte, et Denuelle, peintre-décorateur. Plafond.

11. Grand salon. Hôtel privé, rue Blanche, à Paris, par MM. Lavenant, architecte, et Ouri, peintre-décorateur. Face du côté de la porte.

PETITS SALONS

12. Petit salon. Hôtel privé, rue Blanche, à Paris, par MM. Lavenant, architecte, et Ouri, peintre-décorateur. Face du côté de la porte.

13. Petit salon. Hôtel de M. D..., à Londres. Plafond, par M. Ouri, peintre-décorateur.

14. Petit salon. Villa, à Croissy (Seine-et-Oise), par MM. Duc, architecte, et Denuelle, peintre-décorateur. Plafond.

15-16. Petit salon. Château des Crêtes (Suisse), par MM. Laval, architecte, et Denuelle, peintre-décorateur. Face du côté de la cheminée, et plafond.

17. Petit salon. Hôtel privé, avenue du Maine, n° 15, à Paris, par MM. Millault, architecte, et Lameire, peintre-décorateur. Plafond.

18. Petit salon. Hôtel privé, rue du Faubourg-Saint-Honoré, n° 133, à Paris, par MM. E. Croiseau, architecte, et Denuelle, peintre-décorateur. Plafond.

19. Petit salon. Café-restaurant, passage des Princes, n° 24, à Paris, par MM. Hallier, architecte, et L. Rey, peintre-décorateur. Plafond.

20. Petit salon. *Idem*. Plafond.

21. Petit salon. *Idem*. Plafond.

22. Petit salon. *Idem*. Plafond.

23-24. Salle de restaurant. Café-restaurant, boulevard des Capucines, n° 30, à Paris, par MM. Hallier, architecte, et L. Rey, peintre-décorateur. Élévation et plafond.

BOUDOIRS

25. Boudoir. Hôtel de M. D..., à Londres. Plafond, par M. Ouri, peintre-décorateur.

26. Boudoir. Hôtel privé, rue de Solférino, n° 2, à Paris. Trumeaux, par M. Lameire, peintre-décorateur.

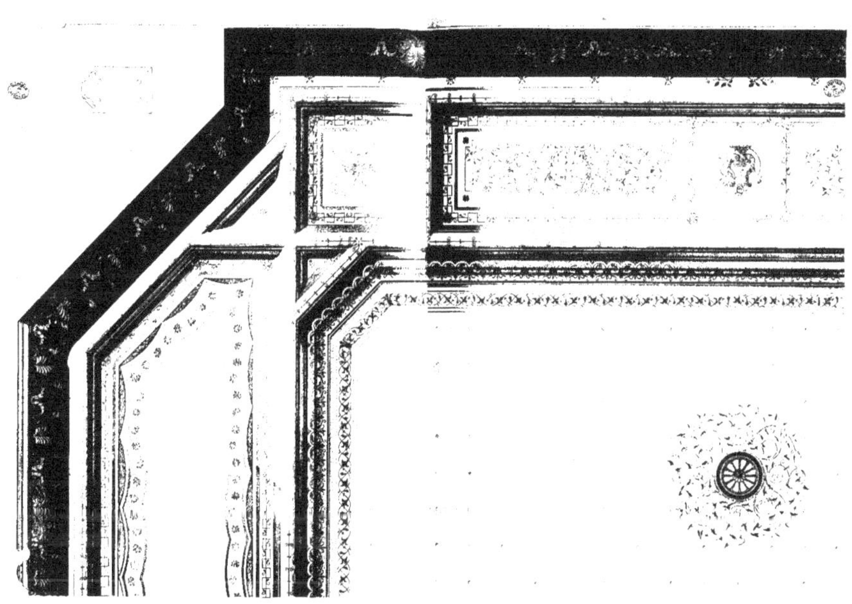

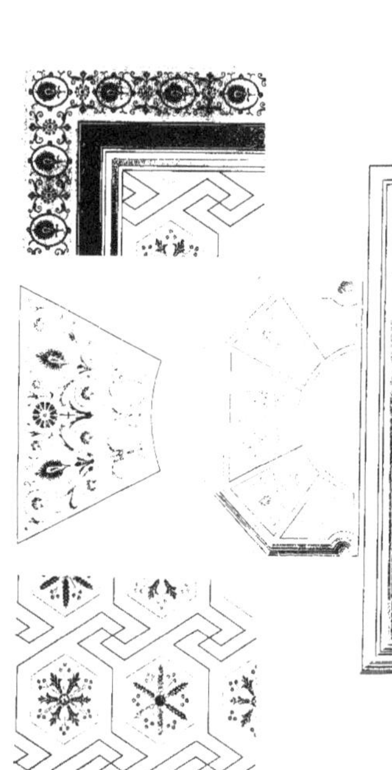
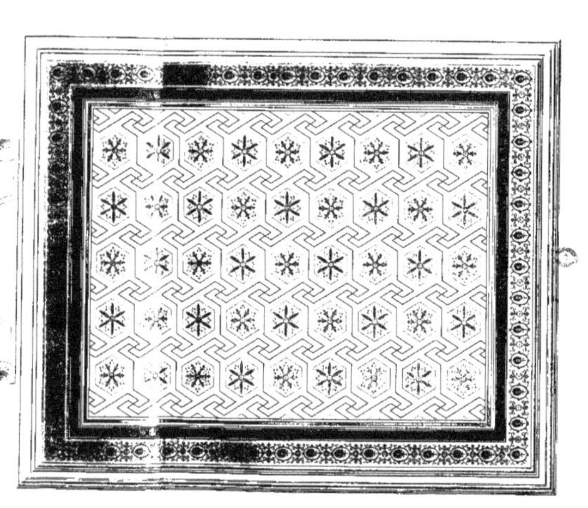

GRAND SALON

M. CÉSAR DALY

PETIT SALON

Détail

VOL. I

... Mr CESAR DALY ...

Coupe sur la ligne A.B.

L'ARCHITECTURE PRIVÉE AU XIXme SIÈCLE

par Mr CÉSAR DALY archte

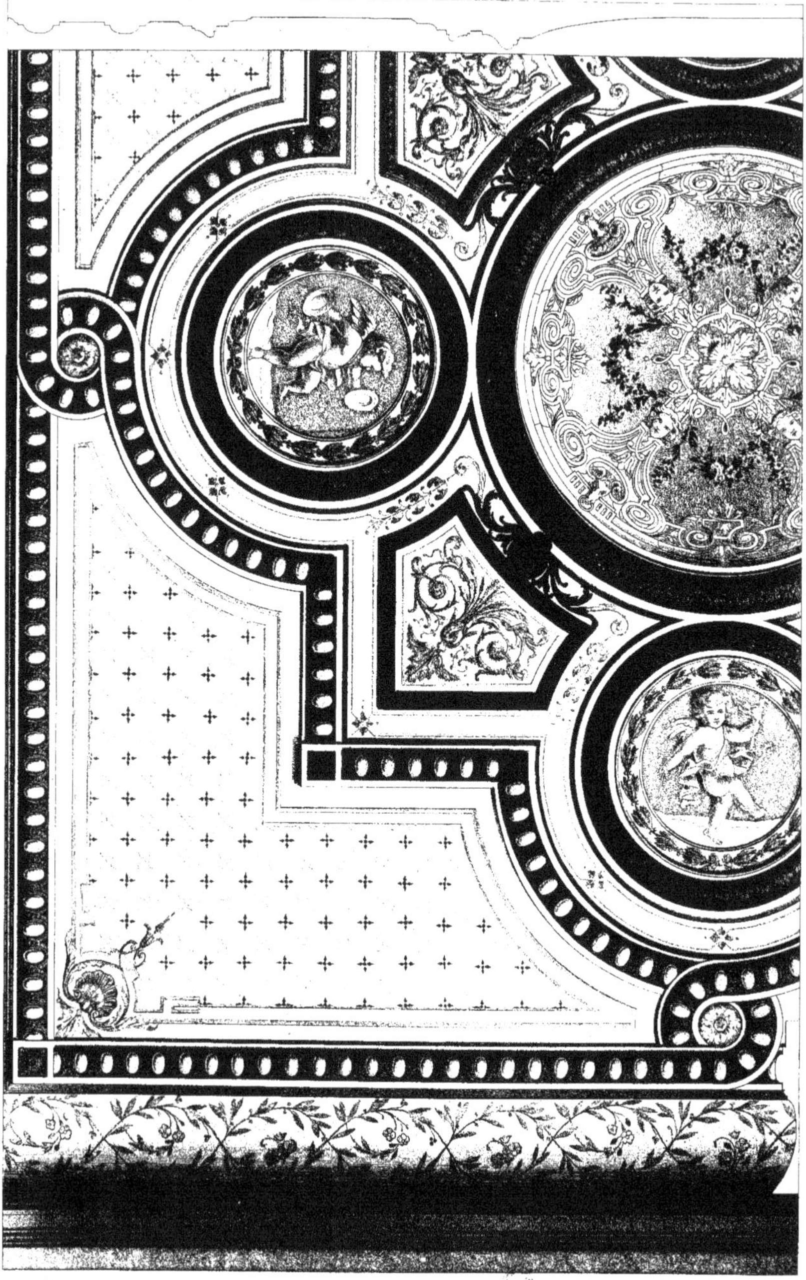

[illegible] lith. — Echelle de [illegible] p^r mètre — Imp. Lemercier & Cie Paris

BOUDOIR

Hôtel de Mr D. à [illegible] — Plafond

PAR M^r [illegible] PEINTRE DÉCORATEUR

ERATO

APOLLO

URANIA

PREMIER VOLUME

DEUXIÈME SECTION

ARCHITECTURE PRIVÉE AU XIXe SIÈCLE

DÉCORATIONS INTÉRIEURES PEINTES

VOLUME Ier — SECTION II

SALLES A MANGER ET DÉPENDANCES

(DIX-HUIT PLANCHES)

SALLES A MANGER

1-2. Salle à manger. Château des Crêtes (Suisse), par MM. Laval, architecte, et Denuelle, peintre-décorateur. Trumeau, porte et plafond.

3. Salle à manger. Hôtel privé, rue de Lisbonne, n° 32, à Paris, par MM. H. Fevre, architecte, et Fréchou, peintre-décorateur. Cheminée, portes et corniche du plafond.

4-5. *Idem*. Plafond.

6-7. Salle à manger. Hôtel privé, rue des Écuries-d'Artois, n° 26, à Paris, par MM. E. Delaistre, architecte, et L. Rey, peintre-décorateur. Plafond.

8. Salle à manger. Villa, à Croissy (Seine-et-Oise), par MM. Duc, architecte, et Denuelle, peintre-décorateur. Plafond.

9-10. Salle à manger. Hôtel privé, boulevard Exelmans, à Paris, par MM. Ed. Guillaume, architecte, et Ouri, peintre-décorateur. Plafond.

11. Salles à manger. Divers hôtels privés, à Paris. Plafonds, par M. Denuelle, peintre-décorateur.

FUMOIRS

12-13. Fumoir. Château des Crêtes (Suisse), par MM. Laval, architecte, et Denuelle, peintre-décorateur. Porte, trumeaux et plafond.

14. Fumoir. Hôtel du *Figaro*, rue Drouot, n° 26, à Paris, par MM. Sauffroy, architecte, et Charton, peintre-décorateur. Face du côté de la porte et plafond.

15. Fumoir. Hôtel du *Figaro*, rue Drouot, n° 26, à Paris, par MM. Sauffroy, architecte, et Charton, peintre-décorateur. Face du côté de la porte et plafond.

SALLES DE BILLARD

16-17. Salle de billard. Château des Crêtes (Suisse), par MM. Laval, architecte, et Denuelle, peintre-décorateur. Ensembles et détails.

18. Salle de billard. Hôtel privé, boulevard Exelmans, à Paris, par MM. Ed. Guillaume, architecte, et Ouri, peintre-décorateur. Plafond.

M. CÉSAR DALY

Détail

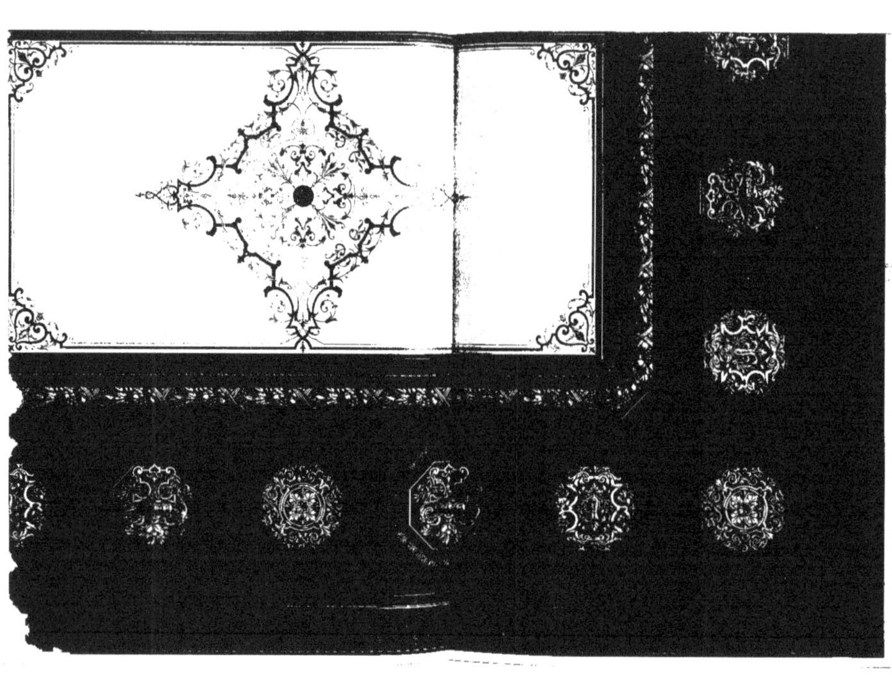

M. CÉSAR DALY

Au Bois de Boulogne

Échelle de 0m 10c p.r mètre

Rue Neuve des Mathurins à Paris

Imp. Lemercier & Cie Paris

SALLES À MANGER

Hôtels divers à Paris. Plafonds

par M. DENUELLE peintre décorateur

Fontaine lith. Echelle de 0m05 p. mètre Imp. Lemercier & Cie Paris

FUMOIR

Hôtel du Figaro, rue Drouot, N° 26, à Paris. — Face du côté de la porte et Plafond

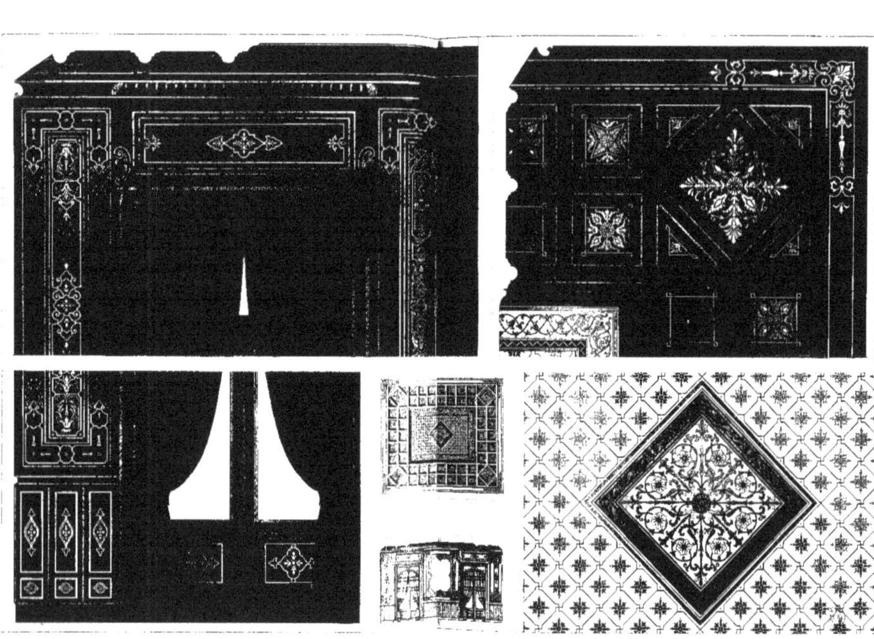

L'ARCHITECTURE PRIVÉE AU XIXme SIÈCLE

(Troisième Série)

par Mr CÉSAR DALY Archte

Échelle de 0m10c p.r mètre

Imp. Lemercier & Cie Paris

SALLE DE BILLARD

Hôtel Boulᵈ Exelmans à Paris. Plafond

par MM. Émile GUILLAUME archte et CURT peintre décorateur

PREMIER VOLUME

TROISIÈME SECTION

ARCHITECTURE PRIVÉE AU XIXe SIÈCLE

DÉCORATIONS INTÉRIEURES PEINTES

VOLUME Ier — SECTION III

CHAMBRES A COUCHER ET DÉPENDANCES

(ONZE PLANCHES)

CHAMBRES A COUCHER

1. Chambre à coucher. Villa, à Gretz (Seine-et-Marne), par MM. Ed. Renaud, architecte, et Ouri, peintre-décorateur. Plafond.

2. Chambre à coucher. Hôtel privé, rue de Lisbonne, n° 32, à Paris, par MM. Fevre, architecte, et Fréchou, peintre-décorateur. Trumeau, portes et plafond.

3. Chambre à coucher. Hôtel privé, rue de Lisbonne, n° 32, à Paris, par MM. Fevre, architecte, et Fréchou, peintre-décorateur. Plafond.

4. Chambre à coucher. Hôtel de M. D..., à Londres. Plafond, par M. Ouri, peintre-décorateur.

5. Chambres à coucher. Divers hôtels privés, à Paris. Plafonds, l'un par M. Weyland, architecte, et l'autre par M. Ouri, peintre-décorateur.

ORATOIRE

6. Oratoire. Château de M. R..., aux environs de Paris, par M. H. Parent, architecte. Ensembles et détails.

CABINETS DE TOILETTE

7-8. Cabinet de toilette. Hôtel privé, à Neuilly (Seine). Face du côté de la porte et plafond, par M. Ouri, peintre-décorateur.

9. Lavabo. Café-restaurant, passage des Princes, n° 24, à Paris, par MM. Hallier, architecte, et L. Rey, peintre-décorateur. Face du côté de la glace et plafond.

SALLES DE BAIN

10. Salle de bain. Hôtel privé, passage des Favorites, à Vaugirard. Face du côté de la baignoire et plafond, par M. Th. Deck, fabricant de faïences d'art.

11. Salle de bain. Hôtel privé, boulevard Exelmans, à Paris, par M. Ed. Guillaume, architecte. Face principale et plafond.

par M. CESAR DALY

Echelle ... p. mes

CHAMBRE A COUCHER

Hotel rue de [illegible] N° 32, à Paris — Plafond

H. Weyland Archte — Échelle de 0,10 c/m — Mr Ouri Peintre Décoratr

Sorrel lith. — Imp. Lemercier et Cie Paris

CHAMBRE A COUCHER

Hôtel, ... à Paris — Plafonds.

ORATOIRE
Château de Mr R. aux environs de Caen
par M. PARENT arcte

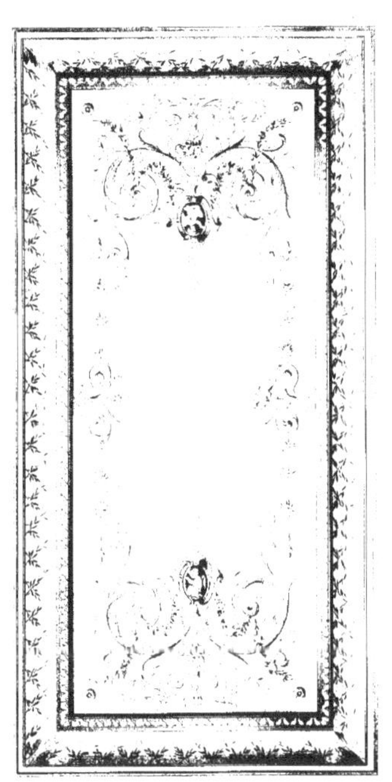

L'ARCHITECTURE PRIVÉE AU XIXme SIÈCLE

Troisième Série

par M. César DALY

M. CESAR DALY

Plafond

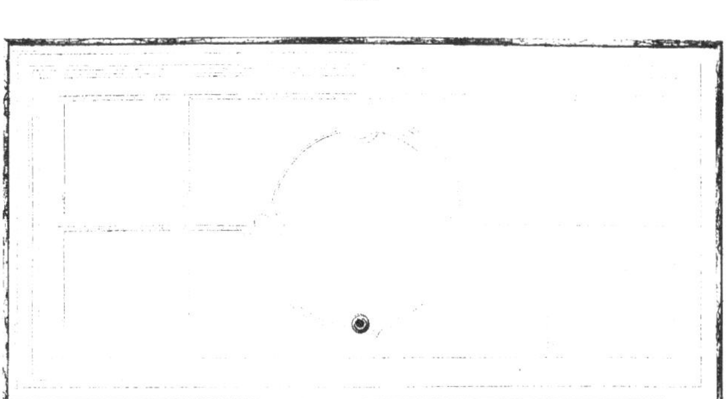

www.ingramcontent.com/pod-product-compliance
Ingram Content Group UK Ltd.
Pitfield, Milton Keynes, MK11 3LW, UK
UKHW021310190726
13839UKWH00007B/633